AF294911

# Uno viendo
# Uno sabiendo
# Un amor

Comentarios sobre Master Eckhart

Andreas Müller

# Impressum

Bibliografische Information der Deutschen Nationalbibliothek: Die Deutsche Nationalbibliothek verzeichnet diese Publikation in der Deutschen Nationalbibliografie; detaillierte bibliografische Daten sind im Internet über www.dnb.de abrufbar.

Copyright: 2023 Andreas Müller

Traducción: Adriana Hernandez & Vivien Thomas

Herstellung und Verlag:
BoD – Books on Demand, Norderstedt

ISBN 9783758300950

# Este sermón

*"Si alguien no puede entender este sermón, no debe preocuparse. Mientras un hombre no esté a la altura de esta verdad, no puede entender mis palabras. Porque esta es una verdad desnuda que ha venido directamente del corazón de Dios."*[1]

~

Este mensaje es un mensaje impersonal. No pertenece a nadie. No habla con nadie. Es directo. Significa lo que dice y aún permanece vacío. No contiene un método. No hay nada en él que pueda ser reconocido.

Sé que con el Maestro Eckhart siempre suena como si hubiera algo que encontrar. Una y otra vez, suena como si hubiera alguien que puede ser de la manera correcta. Lo que Eckhart quiso decir sigue siendo especulación. Pero algunas de sus palabras parecen resonar conmigo.

Sin embargo, no existía el Maestro Eckhart, al igual que no existe tal cosa como yo ni ninguna autoridad separada. Estas palabras no tienen significado.
No hay razón para enfocarse en ellas o pasar tiempo con ellas. Son como una canción, y quien la escucha puede sentir alegría. Si no lo escuchas, no te molestes. No hay nada que encontrar y nada que perder. Lo que

parece estar sucediendo es naturalmente todo. Esa es la alegría, una alegría que nadie posee y que al mismo tiempo es todo. De eso hablan estas palabras. Y sin embargo no añaden nada.

# Maestro Eckhart

*P: Querías escribir un libro sobre el Maestro Eckhart...*

A: ... o al menos decir algo sobre él.

*P: Entonces, ¿qué pasó?*

A: Este pequeño libro. El comienzo fue difícil. Eché un vistazo a los "Sermones y Tratados". Y luego me di cuenta: ¡Todo ya está allí como debe ser! Los pasajes que quería comentar eran y son tan claros que no queda mucho por comentar.
Y luego simplemente sucedió. Es asombroso lo que dijo entonces este monje dominico sin haber tenido problemas serios.

*P: ¿No fue llevado a juicio?*

A: Al final de su vida, sí, o incluso un poco más tarde. De hecho, fue bien durante mucho tiempo. Y es sorprendente que solo haya sido acusado de 28 sentencias. Después de la muerte. Porque murió antes de ser sentenciado.

*P: ¿Qué dice él tan francamente?*

A: Por ejemplo: que no hay nadie. Y que Dios es más bien un no-Dios. Y que esa existencia es más como la no existencia.

*P: Que la Iglesia no pueda estar completamente de acuerdo con esto es quizás comprensible. ¿Pero tú estás de acuerdo?*

A: Al menos esas frases son transferibles a mi interpretación. Por ejemplo: No hay una realidad observable. Vivimos en un vuelo absolutamente ciego, como todo el universo aparente. Esto se debe a que el observador mismo es ilusorio. Incluso hablar de un observador que existe de alguna manera - real, irreal, ilusoria - puede dar la impresión de que tal cosa existe. Pero no hay tal cosa. No hay nadie. No hay observador. No hay conciencia separada. Y debido a que la conciencia no es real, ¡lo que se está presenciando tampoco se puede presenciar realmente! Lo que es, es absolutamente ciego a sí mismo.

*P: ¿Quieres decir que eso es lo que Eckhart quiso decir cuando dijo que la existencia es más como la no existencia?*

A: Sí, la experiencia aparentemente tan cotidiana, de la presencia no tiene sustancia.

*P: ¿Tengo que entender eso? O puedo estar de acuerdo con Eckhart: "si alguien no puede entender este sermón, no debe preocuparse."*

A: Nadie puede realmente hablar de eso. Para que

aparentemente pueda hablarse de ella, esta aparente ilusión debe disolverse. Conozco a alguien que ha buscado espiritualmente toda su vida. Ha aprendido mucho y ha pasado los últimos años experimentando la conciencia. Esto parecía ser todo lo que tenía después de su larga búsqueda. Luego trató de combinar esa experiencia de conciencia con este mensaje no dual. Supuso que yo también había reconocido la experiencia de la conciencia como la "realidad natural" y que estaba tratando de transmitirla con mis propias palabras. Y luego, repentina e inesperadamente, la conciencia también

desapareció. Zack, bum, solo así. No fue gran cosa, ni fue un gran cambio. Pero solo entonces terminó la búsqueda. La búsqueda no fue satisfecha, ni hubo una experiencia de llegada. Más bien, la experiencia de conciencia o presencia resultó ser inexistente. No puedo explicarlo, ni suena lógico. Cuando se esfuma, simplemente se esfuma. Entonces no se puede informar nada más.

*P: Eckhart tampoco puede explicar nada de esto...*

A: Eckhart no puede explicar y yo no puedo explicar que no hay nada que explicar. Es imposible explicarle a la presencia que la experiencia de la presencia no es real. Por el contrario, para explicar una circunstancia real, se necesitaría una presencia real. Eso va en círculos.

La ausencia de 'yo soy' no es una circunstancia nueva de la cual uno podría estar consciente. Y ese es el quid: no hay nadie que sepa, que experimente, quien podría confirmar o negar. No hay explicación para nada. Y eso es la libertad. Mientras tu no iguales esta verdad, no podrás comprender esta charla.

# No busques nada

*"Aquellos que nada buscan, ni el honor, ni el beneficio,*
*ni la intimidad, ni la santidad, ni la recompensa,*
*ni el cielo, sino que han renunciado a todo esto,*
*incluso a lo que es suyo,*
*en tales hombres Dios es glorificado."*[2]

~

P: *No luches por nada, renuncia a todo... ¿Quién debería hacer eso?*

A: Nadie, es imposible. Pero la liberación es el fin del buscador y al mismo tiempo el fin de la búsqueda. La liberación no es el resultado de la renuncia o la búsqueda, tampoco es un hallazgo después de una búsqueda excitosa.

La liberación es el aparente colapso del buscador en la sorprendente obviedad de que nadie existe. Renunciar a todo esto es el final de la búsqueda misma. No es sólo el fin de la búsqueda de las llamadas cosas materiales, sino también el fin de la búsqueda de metas espirituales. Devoción, iluminación, liberación, absorción en Dios: detrás de todos estos objetivos se encuentra el egocentrismo. La esperanza de renunciar a su propia existencia y, por lo tanto, volverse uno con Dios no es más que autoexageración.

*P: ¿Y en quién "se glorifica Dios", como dice Eckhart?*

A: En nadie. Ser glorificado en Dios significa que la perfección es la realidad natural. Esta realidad natural no se descubre ni se logra. No se experimenta ni no se experimenta. Es lo que queda cuando el experimentador resulta ser inexistente.

# Sufrir Dios

*"Ahora bien, si con este poder el alma ve alguna imagen, ya sea que vea la imagen de un ángel o su propia imagen, es una imperfección en ella. Si ella ve a Dios como Él es Dios, o como Él es una imagen, o como Él es tres, es una imperfección en ella. Pero cuando todas las imágenes se separan del alma y ella no ve más que una sola, entonces la esencia desnuda del alma encuentra la esencia desnuda e informe de la unidad divina, que es el ser supraesencial, pasivo, reposando en sí mismo.*
*¡Oh maravilla de las maravillas, qué noble sufrimiento es ese, que la esencia del alma no puede sufrir sino la unidad desnuda de Dios!"[3]*

~

*P: Cuando se separan todas las imágenes del alma...*

A: Sí, aquí se habla de lo que yo llamo liberación: el final de la ilusión de que existe tal cosa como una persona separada. La esencia desnuda y sin forma de la unidad divina – eso significa: Esta libertad no puede ser experimentada mental, emocional o energéticamente – sin forma. Tal liberación está más cerca que cualquier experiencia.
Sin embargo, lo que puede resultar de ello, cuando se

desprenden todas las imágenes del alma, es una aparente liberación mental y emocional dentro de la historia personal. Porque muchos pensamientos y patrones emocionales, neurosis y traumas parecen estar relacionados con la experiencia de ser una persona separada.

Como relato, se podría decir que existe una interacción entre la experiencia de ser  una persona y los pensamientos y emociones que surgen. Si la ilusión de la separación se evapora, en palabras de Eckhart: cuando el alma no ve nada más que uno solo, entonces comienza también dentro de la história  algo así como un proceso de liberación, que gradualmente elimina todas las obligaciones mentales y emocionales. Sin embargo, este aparente proceso no es el punto. El  - ¡aparente! - punto crucial es en realidad si la ilusión de la                      (auto)experiencia                  es lo que aparentemente está sucediendo o no. Todo lo demás es simplemente un síntoma de esta experiencia.

*P: ¿Cuáles serían esos síntomas?*

A: Un síntoma aparente de separación sería vivir en las historias y en la búsqueda. Es un mundo de ensueño completo; una aparente rotación energética dentro de este supuesto de ser una persona y un dar vueltas alrededor de los problemas artificiales que la persona artificial cree tener. El principal problema de la persona es la búsqueda de una realización personal duradera. Sin embargo, es un problema que nunca podrá resolverse, porque no hay ni persona ni estado de realización personal.

P: *¿Y de eso está hablando el Maestro Eckhart?*

A: Sí, a mí me parece que el Maestro Eckhart describe esta aparente liberación y explora en muchos textos qué es o qué no es esta liberación. En este sentido, hace un neti neti natural, que corresponde exactamente a este "mi" mensaje.

P: *¿Hay algún signo o síntoma de liberación?*

A: En última instancia, todos los síntomas se refieren al colapso de las estructuras artificiales de la experiencia del 'yo'. El colapso de las estructuras mentales y emocionales sería un ejemplo.

P: *La ruptura de las estructuras mentales y emocionales suena desagradable.*

A: Es el colapso de cualquier idea de psicología. La psicología resulta ser la contraparte científica de la espiritualidad: ambas parten de un núcleo interior o de un centro verdadero. En espiritualidad eso sería el alma o algo así como la conciencia pura, mientras que en psicología se asume que existe un yo real inherente al cuerpo. Toda la estructura psico-mental y psico-emocional gira en torno a esta experiencia de que hay 'alguien'. Si este núcleo interno resulta ser una ilusión (en palabras de Eckhart: cuando todas las imágenes del alma se separan), toda la estructura, que parece girar alrededor de este núcleo, poco a poco resulta ser una ilusión. Se desvanece o se cae, en partes o por completo.

O tal vez solo quede un debilitamiento de la estructura. En todo caso, tengo la impresión de que puedo percibirlo así tanto conmigo mismo como con todos aquellos que calificaría de "aparentemente liberados". Lo que queda, en palabras de Eckhart, es un ser desnudo y sin forma.

*P: ¿De vez en cuando afirmas que todo esto son solo historias?*

A: Oh, sí, no existo ni yo ni personas que pueda reconocer como liberadas. No hay ni una estructura psicológica ni un ablandamiento de la misma. Nada de esto es real o significativo.

*P: Bueno, ¿cuál es?*

A: Nada importa. Todo queda sin consecuencias. Lo que parece estar pasando es todo.

*P: El Maestro Eckhart dice que "mismo si el alma ve a Dios... es una imperfección en ella".*

A: Él describe que todo mirar es "ilusorio", que cada experiencia de conciencia está conectada con una experiencia de imperfección. Tanto la experiencia más sútil de sí mismo - el alma que ve su propia imagen - como también la experiencia de la unidad o de Dios - el alma que ve a Dios - son experiencias personales y, por lo tanto, van acompañadas de un sentimiento de carencia.

*P: ¿Podría ser que se salió con la suya con tales acertijos durante tanto tiempo porque nadie los entendía? ¿Qué quiere decir que el alma sólo puede "ver nada más que el uno", solo cuando todo lo imaginado se há desprendido?*

A: Si solo hay "mirando", entonces eso es lo que aparece estar sucediendo. No hay realmente "algo" que se vea allí. Entonces no hay imagen de lo que esta viendo ni de lo que esta siendo visto. Entonces la esencia desnuda del alma encuentra la esencia desnuda y sin forma de la unidad divina, que es el ser supraesencial, pasivo, reposando en sí mismo. Entonces todo es nada. ¡Por supuesto, no diría que realmente se encuentra algo entonces! En el derretimiento de todo lo imaginado, en el derretimiento de toda experiencia propia, lo que es resulta ser perfecto. Resulta ser "todo", sin forma y sin separación. Por supuesto, resulta ser todo eso sin dejar de ser exactamente lo que ya es. El cuerpo, los pensamientos, los sentimientos, el mundo, los árboles son sin forma y sin separación. Sin embargo, para nadie!

*P: ¿O es para alguien? Eckhart dice que el alma 'sufre' la única unidad verdadera de Dios.*

A: Cuando la ilusión de la autoconciencia se desvanece, todo lo que queda es la realidad natural. No es encontrada ni realizada. Es simplemente lo que parece estar sucediendo. "Tú" no tienes prácticamente ninguna posibilidad, porque no queda nada más que el puro "ser ninguna cosa". "Ninguna cosa" sufre por sí mismo, por así decirlo. No puede encontrarse a sí mismo, no puede escapar de si, ni puede nunca convertirse en otra cosa. Pero: No hay cosa que sea no-cosa. Es justo lo que aparece estar sucediendo. El hecho de que estemos aquí sentados y hablemos unos con otros es la realidad natural, desconocida, sin forma, que no se puede encontrar, porque ya lo es; que no se puede realizar, porque no hay nada que tenga la capacidad de una realización adicional. Por lo tanto, el Maestro Eckhart podría hablar de "sufrir".

*P: Muy bien, estoy de acuerdo con esta forma de sufrimiento.*

A: ¡Oh, sí!

# Dejarse a sí mismo

*"Deja que el hombre primero se deje a sí mismo,
entonces lo dejó todo."*[4]

~

*P: Puede uno dejarse a sí mismo?*

A: Los buscadores espirituales al menos se esfuerzan por hacerlo. Pero no hay nadie que pueda hacer eso.

*P: Entonces, ¿qué quiere decir Eckhart con eso?*

A: Podría estar refiriéndose al hecho de que todo buscar y toda búsqueda son inútiles mientras haya "alguien" que busque. La conclusión inversa sería en este caso, que para aquellos que se han dejado a sí mismos - o como diría yo: cuando resulta que no hay nadie -, toda búsqueda termina. Todas las preguntas son superfluas en la desaparición de la ilusión de que existe una persona real. El maestro Eckhart da en el clavo: cada búsqueda, cada pregunta sobre el sentido de la vida, cada pregunta sobre la perfección, surge de la experiencia de ser una autoridad separada. Como historia, se podría decir que primero se debe ver si la persona que busca larealización existe en realidad.

El dilema es que no hay nadie en absoluto. Antes de que comience la búsqueda, no hay nada que deba o pueda estar buscando. Así que el dilema es que no existe ningún dilema.

*P: Dejemos eso.*

# Consciente de Dios

*"Si el alma se vuelve consciente de Dios,*
*ella también debe olvidarse de sí*
*misma y perderse a sí misma.*
*Mientras se ve y se conoce a sí misma,*
*no ve a Dios."*[5]

~

A: Siempre que haya un sentido de sí mismo - viéndose a sí mismo y conociéndose a sí mismo - se produce una aparente separación.

*P: ¿Y entonces tampoco hay conciencia de Dios?*

A: No hay alma que pueda volverse consciente de Dios. Por lo tanto, el alma tiene que perderse a sí misma. Es el retroceso de la conciencia hacia lo desconocido; el hundimiento de la experiencia de la separación en la ausencia.

*P: Entonces, ¿qué significa que el alma se vuelva consciente de Dios?*

A: Eckhart probablemente se refiere a la liberación - la aparente obviedad de que la armonía es la realidad natural. Pero: Nadie es realmente consciente de eso. No hay experiencia de esta armonía.

*P: Ninguno, nadie, aparentemente, nada...*

A: Cuando me hablas hay una respuesta inmediata. Hay este informe, que por unlado es lo que aparentemente está pasando. Por otro lado, no proviene de una conciencia separada o real. Si el alma se vuelve consciente de Dios es una paráfrasis. Aquello que es, se revela como lo que es. Aparentemente, porque no hay algo reconocido, ni hay una conciencia real de ello. En ese sentido, la conciencia es ciega a lo que parece estar sucediendo. Esta obviedad también es aparente porque nada se vuelve realmente obvio. Y sin embargo: Lo que estamos hablando no está disimulado porque es lo que parece estar sucediendo.

*P: ¿Deberíamos llamar rápidamente al Maestro Eckhart y preguntarle qué piensa al respecto?*

*A: Podemos intentarlo. Pero supongo que no hay nadie.*

## ¿Cómo amar a Dios?

"'Entonces, ¿cómo debo amar a Dios?' Debes amar a Dios de manera no espiritual: es decir, el alma debe estar desanimada, despojada de la vestimenta espiritual. Porque mientras el alma está en forma de espíritu, tiene imágenes; mientras tiene imágenes, tiene medios; mientras tiene medios, no tiene unidad ni sencillez, y mientras no tiene sencillez, nunca ha amado a Dios correctamente, porque el verdadero amor está en la sencillez. Por lo tanto, tu alma debe estar desprovista de todo espíritu, debe estar sin espíritu, porque si amas a Dios como El es Dios, como El es espíritu, como El es persona y como El es imagen, ¡todo eso debe desaparecer! 'Bueno, ¿cómo debo amarlo entonces?' Debes amarlo tal como es: un no Dios, un no espíritu, una no persona, una no imagen; más bien, como Él es un Uno puro puro y límpido, desprendido de toda dualidad. Y en ese Uno podemos hundirnos eternamente de la nada a la nada. Así que Dios ayudanos. Amén."[6]

~

*P: ¡Hundirse en Uno, convertirse en uno, sí, eso es, de eso se trata precisamente!*

A: No puedes convertirte en uno porque ya no hay nadie. La experiencia de uno mismo – la experiencia de ser "espíritu" – es ilusoria. No tiene sustancia, lo que significa "no hay nadie allí". La persona aparente es esta experiencia de sí. Se experimenta a sí mismo como 'algo'. Experimentarse a sí mismo como 'algo' es la separación, aparentemente experimentada, de Dios. Entonces parece haber algo separado de lo que aparentemente está sucediendo. Entonces hay el 'yo' y 'algo más'. Entonces el mundo está visto desde un punto de vista separado. Uno vive "en imagenes", en ver cosas.

*P: ¡Sí, exactamente, y es por eso que las palabras de Eckhart - " en ese Uno en que nos hundimos eternamente" - suenan tan prometedoras!*

A: Sí, de la experiencia de la separación surge la suposición de que hay un camino de regreso a la totalidad. La suposición es que hay pasos y etapas, métodos y técnicas. Mientras que esta experiencia de si mismo parece existir, uno adora las "cosas" – ideas y concepciones, una cierta forma de vida, un sacerdote, un gurú, el dinero o Buda o Jesús en la cruz. La persona aparente espera que estas cosas sean mediadoras en el camino hacia la realización personal. Esa es la ilusión. Se basa en la experiencia de que uno es "algo", un yo que se experimenta a sí mismo y es consciente de su presencia. Un yo que tiene que encontrar su camino de regreso a la perfección.

Lo que se informa aquí es que no hay nadie. No sólo las ideas y concepciones en las que vive la persona son ilusorias. Toda esta experiencia no tiene sustancia. Por lo tanto, tu alma debe estar desprovista de todo espíritu.

*P: Entonces, cuando estoy allí sin ideas ni concepciones, puedo convertirme en uno.*

A: No puedes convertirte en uno. El amor es la realidad natural que no se puede lograr ni es necesario hacerla. Si la ilusión de que hay "algo" se evapora, la suposición de que uno está separado del amor se evapora.
No hay dios, ni espíritu, ni persona, ni imagen a quien se pueda amar. El amor es la realidad natural para nadie. Esa es la liberación que ya es.

# La gloria está en todas partes

*"En toda obra, aun mala, mala digo,*
*como del castigo y del pecado,*
*la gloria de Dios se manifiesta y refleja por igual."*[7]

~

*P: ¿Dios se refleja aun en lo malo?*

A: No hay ni "bien" ni "mal", no hay algo que esté dentro de la unidad, ni hay algo que esté fuera de la unidad. No hay unidad como tal en absoluto. Lo que parece estar sucediendo es naturalmente completo y coherente; más allá del bien o del mal, correcto o equivocado. Esto no puede ser conocido o experimentado. No es una teoría que deba adoptarse y, sin embargo, es una absoluta sorpresa que lo que aparentemente sucede sea perfecto en su aparente "ser como es".

*P: ¿Por qué "ser como es" también es "aparente" ahora?*

A: Porque no existe tal cosa como un conocido o consciente "ser tal como es". Cómo es, se desconoce porque no es experimentado. Nadie sabe cómo es realmente lo que aparentemente sucede. Por lo tanto, no existe un verdadero "ser como es". Qué vivir, respirar, sentir, caminar sea realmente permanece desconocido. Simplemente es lo que es. Sin dificultades.



A: No hay razón ni explicación para ello. La coherencia es la realidad natural, que no es creada y no tiene causa. La realidad natural es incondicional. No conoce ninguna causa. Lo que aparentemente sucede no esta hecho y es incondicionalmente sí mismo. Que sea coherente, no es el resultado de algo. No es completo porque sea significativo, bueno o sagrado. Además, no es total porque conduzca a una meta. La totalidad o coherencia es completamente sorprendente y al mismo tiempo absolutamente ordinaria.

*P: No importa lo que surja, hay que verlo de manera positiva.*

A: No, de lo que estamos hablando no es un concepto. No es un intento de embellecer algo o encubrirlo con una idea sagrada. Lo que aparentemente sucede no necesita eso en absoluto. Lo que aparentemente sucede no necesita ser transformado de algo incorrecto en algo correcto. No necesita una respuesta para ser si mismo. Nada puede y nada tiene que ser reparado. El dolor no necesita una respuesta. El sufrimiento no necesita ser reparado. La "bondad" es la realidad natural.

*P:¿Estás de acuerdo que esto puede ser experimentado de manera completamente diferente?*

A: Sí, tan pronto como surge la búsqueda de una respuesta. Pero el dolor no necesita una respuesta. Ni se conoce a sí mismo, ni tiene ideas sobre sí mismo. Es simplemente si mismo. Así como cada flor, cada piedra, cada animal, cada pensamiento y cada sentimiento es sí mismo. Incluso la experiencia aparente de la separación es si misma, incluso si la búsqueda de una respuesta y de una llegada tiene lugar dentro de esta experiencia. Sin embargo: Nadie llega, porque no hay nadie en un camino. Nadie tiene que llegar, porque lo que aparentemente sucede es ciegamente completo.

*P: ¡Y encima de todo eso! ¡"Ciegamente"!*

A: Porque no hay nadie que lo experimente como perfecto. Nadie que tenga que reconocerlo como perfecto. Nadie que vea.

*P: A quién se lo dices...*

# Necesidades

"El otro día estaba pensando si aceptaría o desearía
algo de Dios o no.
Queríaconsiderar esto cuidadosamente ya que recibir
de Dios, desde una posición más baja, me asemejaría a
un sirviente. Y al dar, Dios se parecería a un maestro.
Nodebería ser así con la vida eterna."[8]

~

*P: ¿Eckhart no quería desear nada para no sentirse receptor
de limosnas?*

A: La falta de deseo es la realidad natural. Realización,
plenitud, paz es la realidad natural. Lo que parece
suceder ya es sí mismo y sin deseos. No necesita la
ausencia de deseos, ni necesita su cumplimiento.

*P: La falta de necesidad, la modestia, la renuncia, el ideal de
los monjes. ¿Eckhart lo logró?*

A: No, no hay nadie para llegar a esta realidad natural.
Las necesidades son lo que aparentemente sucede.
Me pillan buscando algo de comer en la nevera por la
noche. Cuando tengo hambre y estoy cansado, me
vuelvo irritante y el tiempo en mi compañía no

es agradable. La necesidad de armonía y sueño es tanto lo que aparentemente sucede como ir al baño. Pero la esperanza y el anhelo de encontrar la verdadera realización personal en la aparente satisfacción de las necesidades resulta ilusoria.

*P: Pero la iluminación o el despertar es una especie de realización.*

A: No, no es que el anhelo se cumpla al final de la "ilusión del yo" o que haya una experiencia de este cumplimiento. La esperanza y el anhelo de realización personal parece simplemente que ya no están ocurriendo" La búsqueda de la realización personal termina en el momento en que el yo aparente se revela como ilusorio.

*P: ¡Eso ya es algo!*

A: ¡Aparentemente! La experiencia de estar separado de la vida, de estar separado de la libertad y la totalidad, esta experiencia desaparece. La necesidad sentida de tener que pedir algo a la vida simplemente se disuelve junto con la ilusión de que alguien está allí. Sin causa. No hay separación significa: estar a la par con la realidad natural. No hay separación significa que no hay nadie que haya perdido algo. No hay separación significa que no hay nadie que pueda hablar con Dios. Según Meister Eckhart: "Ni sirviente ni amo". No hay jerarquía.

*P: ¡Estoy de acuerdo, estoy en ello!*

A: Ni tú ni yo ni nadie.

# Sin saber

"Pero decimos que Dios no es un ser y no intelectual y no sabe esto o aquello. Así Dios es libre de todas las cosas, y así Él es todas las cosas. Para ser pobre en espíritu, el hombre debe ser pobre de todo su propio conocimiento: no sabiendo nada, ni a Dios, ni a las criaturas, ni a sí mismo."[9]

~

*P: La vacuidad es forma y la forma es vacuidad, dice el Sutra del Corazón atribuido a Buda. Pero nadie entiende eso.*

A: Lo que sucede es real e irreal. Está despojado de todas las cosas y, sin embargo, es todo.

*P: ¿Alguien debería entender eso?*

A: No. Comprender esto no es necesario ni posible. Describe la realidad natural. No puede ser conocido ni experimentado. No hay nadie que pueda hacer eso.

*P: ¿Cuál es el punto de la declaración?*

A: No tiene un punto. No viene de ningún lado. Es un

compartir directo.

*P: Directo, ¿entonces probablemente viniendo de lo que se llama Dios?*

A: No existe una realidad superior que sea "Dios". "Dios" es lo que parece estar sucediendo. A veces hablo de "unidad", pero eso tampoco existe realmente. No hay absolutamente ninguna declaración sobre la realidad. El mismo asumir de que existe un cierto tipo de realidad proviene de un conocimiento. "El vacío es forma y la forma es vacío" no conoce acerca de sí mismo. Lo que aparentemente sucede no sabe de sí mismo. No sabe lo que es, ni cómo es, ni si es. Simplemente es. Aparentemente.

*P: Nadie sabe nada...*

A: No. Lo que parece estar pasando es todo. No hay nada detrás de él, ni encima ni debajo de él. No hay nada en él ni en ningún otro lugar. Aún así, no es ninguna cosa.

*P: Al menos...*

A: "Ninguna cosa" significa "el vacío es forma". Y eso significa que Dios esta despojado de todas las cosas y al mismo tiempo es todas las cosas.

*P: Los maestros espirituales ocasionalmente aconsejan dejar de lado el conocimiento y renunciar al pensamiento.*

A: Eso no es lo que se quiere decir aquí. Muchos maestros espirituales creen que la historia personal es lo que constituye el yo ilusorio. Por otro lado, ven la conciencia pura como el yo verdadero. Desde tal perspectiva, tiene sentido tratar de no pensar. Sin embargo, eso ya está dentro del conocimiento. Es exactamente la experiencia de la conciencia la que sabe acerca de su propia existencia. Al menos, eso es lo que cree. Pero es precisamente este conocimiento el que es ilusorio. "Soy consciente de mí mismo" es la ilusión. "Me experimento a mí mismo" es el sueño. Por eso el Maestro Eckhart escribe que uno no debería saber ni de sí mismo ni de Dios. Todo conocimiento es ilusorio porque toda experiencia es ilusoria. Dios, o lo que parece estar sucediendo, no se experimenta a sí mismo. Aunque es él mismo, no sabe nada de sí mismo.

Todas las ideas sobre cómo uno puede encontrar y conocer su verdadero yo, que uno puede ver o incluso experimentar a Dios, son parte del sueño. La idea de que uno puede conocerse y experimentarse a sí mismo como conciencia divina también es una ilusión. No hay un yo ni un Dios ni ningún tipo de conocimiento.

*P: Imagino no tener que experimentar nada debe ser bastante relajante.*

A: Cómo es, es inimaginable. 'Yo soy' significa

'experimentar'. El final de la realidad separada es el final de la ilusión de la experiencia. No hay saber o conocer en ello. Pero como ya no hay nadie, nada es realmente ya conocido.

*P: Si tú lo dices. Lo siento de manera diferente.*

A: Este 'yo' que cree conocer a sí mismo y al mundo no tiene sustancia. Todo este mundo de presencia no existe. El 'yo' ya es insustancial. Nadie esta allí.

# Este algo

*"Para todo lo que alguna vez salió de Dios, se designa una actividad pura. La obra propia del hombre es amar y conocer. Ahora la pregunta es: ¿En qué reside la bienaventuranza más que nada? Algunos maestros han dicho que está en conocer, algunos dicen que está en amar: otros dicen que está en conocer y amar, y dicen mejor. Pero decimos que no reside ni en conocer ni en amar: porque hay algo en el alma de donde fluyen tanto el conocimiento como el amor: pero ella misma no conoce ni ama como lo hacen las potencias del alma. Quien sabe esto, conoce el asiento de la bienaventuranza. Este no tiene ni un antes ni un después, ni está esperando nada por venir, porque no puede ganar ni perder. Y así se le priva del conocimiento de que Dios está obrando en él: más bien, es simplemente él mismo, disfrutando de sí mismo a la manera de Dios."* [10]

~

*P: En la espiritualidad hindú hay dos caminos hacia la liberación: el amor y la devoción por un lado y el camino del conocimiento por el otro.*

A: Sí, así es, el camino de Bhakti es el camino de la devoción, el camino de Jnani es el camino del conocimiento. A veces ambos también están conectados.



*P: ¿Lo recomiendas?*

A: No, no hay camino. Es la persona aparente que piensa que está en un camino. Ambos enfoques son parte del sueño. La suposición de que uno debe emprender un camino de regreso a Dios proviene de la experiencia separada. Ambos métodos juegan con la producción de experiencias que se sienten bien. En la práctica de la devoción hay experiencias impresionantes de amor y unidad. Le dan al buscador la impresión de que está en el camino correcto. Ya que pertenece a la idea de liberación la idea de que debe tratarse de una experiencia absolutamente positiva .
Lo mismo sucede en el camino aparente del conocimiento. Toda realización aparente va acompañada del sentimiento de haber logrado algo. Eso refuerza la impresión de avanzar en el camino. Todo esto es parte del sueño. Cuando la ilusión resulta ser una ilusión, la experiencia de estar separado se desvanece, y con ella automáticamente la idea de que se requiere un camino y un acercamiento. Lo que es no puede ser conocido, porque no es ninguna cosa.
Lo que es no puede ser amado, porque es amor. La devoción y el conocimiento se funden en la realidad natural que es amor y es obviedad. La realidad natural es exactamente lo que parece estar sucediendo.

*P: ¿Y lo que parece estar pasando es perfecto?*

A: Sí, lo es. No espera nada, y no necesita nada. En ese sentido, es naturalmente perfecto. Ni siquiera se le ocurre que algo podría faltar. Por lo tanto, no puede buscar nada. Lo que es, es ciega y benditamente sí mismo. No puede darse cuenta de ello, porque ya es así.

*P: Pero suena muy prometedor cuando el Maestro Eckhart escribe que del algo "fluyen tanto el conocimiento como el amor". Obviamente, ¿hay algo que experimentar después de todo?*

A: No sé a qué se refería. Pero podría ser una descripción de lo que sucede en estas charlas: A lo que se está refiriendo es a la realidad natural.
Aparentemente, aquí se comunica el conocimiento y también se experimenta el amor. Sin embargo, al mismo tiempo, el amor no se conoce a sí mismo y tampoco se experimenta a sí mismo. En la (aparente) liberación, la energía parece invertirse: mientras que la energía del buscador necesita constantemente algo y quiere devorar o poseer todo – amor y conocimiento, por ejemplo – en la liberación esta dinámica energética parece cesar. La energía incluso comienza a desaparecer. Eso podría ser lo que quiere decir cuando dice que el conocimiento y el amor fluyen, pero ella mismo no conoce ni ama. Como ya nada está separado, sólo queda la realidad natural.

*P: El Escribe:" Quien sabe esto, conoce el asiento de la bienaventuranza."*

A: Nadie puede ni llegará a conocer esta bienaventuranza. No hay camino hacia ella ni persona que llegue a esta bienaventuranza. Sin embargo, la realidad natural es aquella en la que coinciden la experiencia del amor y la experiencia del saber. Es el final de la ilusión de que hay un experimentador.

*P: No hay experimentador... ¿hay al menos experiencia?*

A: Yo no lo diría de esa manera. Para mí, el proceso de experimentar y algo que experimenta van juntos. Incluso si la persona está decidida a ver la experiencia como impersonal, sigue siendo una realidad experimentada; algo que realmente parece estar sucediendo. Desde el punto de vista de la persona aparente, esto tiene sentido porque experimentar es su realidad. La experiencia es aparentemente conocida y vivida.

*P: Pero en realidad, ¿no hay experiencia?*

A: No hay experiencia.

*P: ¿Pero hay pensamientos y sentimientos? ¿O tampoco?*

A: Aparentemente los hay. Aparentemente, el cuerpo "experimenta" pensamientos y sentimientos. El cuerpo realmente no los experimenta, simplemente vive. Al hacerlo, piensa, siente, ve, oye, huele, camina y se para, pero no lo experimenta desde un punto de vista separado. A esto me refiero cuando digo que no hay experiencia.

P: *¡Pero yo me veo teniendo experiencias!*

A: Sentirse a sí mismo como experimentando es ilusorio.

P: *¿Porque yo no existo y nadie más?*

A: Sí, exactamente. No hay nada que experimente.

P: *Entonces probablemente no haya nada que se pueda experimentar...*

A: Sí, no hay una realidad conocida o experimentada.

P: *Entonces probablemente nunca hubo un Maestro Eckhart tampoco...*

A: Y sin embargo, o precisamente por eso, fue procesado y perseguido...

**Uno que ve, uno que sabe, uno que ama.**

"El hombre que permanece en la voluntad de Dios no quiere nada más que lo que Dios es y lo que Él quiere. Si estuviera enfermo, no desearía estar bien. Si realmente permanece en la voluntad de Dios, todo dolor es para él un gozo, toda complicación, simple: sí, incluso los dolores del infierno serían un gozo para él. El es libre y salido de sí mismo, y de todo lo que recibe debe ser libre. Si mi ojo ha de discernir el color, debe estar libre de todo color. El ojo con el que veo a Dios es el mismo con el que Dios me ve a mí. Mi ojo y el ojo de Dios es un solo ojo, y una vista, y un conocimiento, y un amor."[11]

~

La sorpresa es que está todo entero y completo. No tiene que ser bueno o agradable, sin embargo, todo tiene su propio sabor incognoscible de completud y armonía. Por supuesto, esta armonía no es para nadie, ya que uno mismo es la totalidad de la que se habla aquí. Nada agrega o mejora nada, ya todo es "esto". Que no hay nada diferente de lo que Dios es significa que no hay nada fuera de esta totalidad. Todo (¡literalmente todo!) es sí mismo: indiviso, singular, ilimitado, total y completo, ya.!

# Sobre el maestro Eckhart

El maestro Eckhart (también Eckehart, Eckhart von Hochheim; * alrededor de 1260 en Hochheim o en Tambach; † antes del 30 de abril de 1328 en Aviñón) fue un influyente teólogo y filósofo de Turingia de finales de la Edad Media. Sus declaraciones poco convencionales, a veces provocativas, y su aguda contradicción con las creencias generalizadas en ese momento llamaron la atención. Después de muchos años al servicio de la orden, Eckhart fue denunciado y acusado de herejía (doctrina falsa, desviación de la ortodoxia) en los últimos años de su vida. Eckhart murió antes de que concluyeran los procedimientos en su contra. Sometiéndose al juicio del Papa desde el principio, escapó de la clasificación como hereje, pero el Papa Juan XXII condenó algunas de sus declaraciones como falsas doctrinas y prohibió la circulación de las obras que las contenían. Sin embargo, las ideas de Eckhart tuvieron una influencia considerable en la espiritualidad medieval tardía en las regiones alemana y holandesa.[12]

1 O'C Walshe, Maurice (2009): Las obras místicas completas de Meister Eckhart. Pearl River, Nueva York: Herder & Herder, The Crossroad Publishing Company, pág. 425, énfasis en el original.
URL: https://philocyclevl.files.wordpress.com/2016/10/me ister-eckhart-maurice-o-c-walshe-bernard-mcginn- the-complete-mystical-works-of-meister- eckhart- the-crossroad -editorial-2009.pdf (19/12/2021).
2 Ibíd., pág. 26
3 Ibíd., pág. 462

4 Aphorismen.de – Aphorismen, Zitate, Sprüche und Gedichte, URL: https:// www.aphorismen.de/zitat/16008 (01/05/2021), traducido por Andreas Müller.
5 Aphorismen.de – Aphorismen, Zitate, Sprüche und Gedichte, URL: https:// www.aphorismen.de/zitat/64091 (01/05/2021), traducido por Andreas Müller.
6 O'C Walshe, Maurice (2009): Las obras místicas completas de Meister Eckhart. Pearl River, Nueva York: Herder & Herder, The Crossroad Publishing Company, pág. 464–465. URL: https://philocyclevl.files.wordpress.com/ 2016/10/me ister-eckhart-maurice-o-c-walshe-bernard-mcginn- the-complete-mystical-works-of-meister-eckhart- the-crossroad -editorial-2009.pdf (19/12/2021).
7 Quint, Josef [Hrsg.] (1979): Meister Eckehart: Zürich: Diogenes, S. 450, traducido por Andreas Müller.

8 Quint, Josef [Hrsg]: Meister Eckehart, 1979. S. 451. traducido por Andreas Müller

9 O'C Walshe, Maurice (2009): Las obras místicas completas de Meister Eckhart. Pearl River, Nueva York: Herder & Herder, The Crossroad Publishing
Company, pág. 423, énfasis en el original. URL: https:// philocyclevl.files.wordpress.com/2016/10/meister-eckhart-maurice-o-c-walshe-bernard-mcginn-the-complete-mystical-works-of-meister-eckhart-the-crossroad-publicación-
Quint, Josef [Hrsg.] (1979): Meister Eckehart: Zúrich:Dio empresa-2009.pdf. (19/12/2021).

10 Ibíd., pág. 422

11  Wikipuote, URL https://en.wikiquote.org/wiki/Meister_Eckhart, traducido por Andreas Müller.

12 Meister Eckhart, artículo de Wikipedia (extracto), URL: https://de.wikipedia.org/wiki/
Meister_Eckhart (01/05/2021), traducido por Andreas Müller.

## Sobre Andreas Müller

Andreas nació en 1979 en Ludwigsburg. Después de años de buscar en la espiritualidad, conoció a Tony Parsons en 2009.

"Primero me quedé muy sorprendido. Aunque ya había conocido y experimentado mucho, esto era algo nuevo e inesperado. De repente, sin razón, escuché lo que Tony estaba diciendo. Y pronto fue innegable: No hay nadie."

Desde 2011, Andreas ha estado dando charlas y intensivos en todo el mundo.

**www.thetimelesswonder.com**

# Agradecimientos

Dietmar Bittrich

Adriana Hernandez

Vivien Thomas

Tony & Claire Parsons